U0627304

新时代爱国主义教育丛书

堪当新时代重任的接班人

第二辑　绘图版

《做堪当新时代重任的接班人》编写组◎编

学习新思想　做好接班人

扣好人生第一粒扣子

江西人民出版社
Jiangxi People's Publishing House
全国百佳出版社

少年强则中国强，青年兴则国家兴。

2022 年 5 月 10 日，习近平总书记在庆祝中国共产主义青年团成立 100 周年大会上指出："要立足党的事业后继有人这一根本大计，牢牢把握培养社会主义建设者和接班人这个根本任务，引导广大青年在思想洗礼、在实践锻造中不断增强做中国人的志气、骨气、底气，让革命薪火代代相传！"习近平总书记从确保党的事业薪火相传和中华民族永续发展的战略高度，为新时代做好党的少年儿童工作、推动青年运动蓬勃发展指明了前进方向，注入了强大动力。

为深入学习贯彻习近平新时代中国特色社会主义思想和党的二十大精神，贯彻落实《爱国主义教育法》和《新时代爱国主义教育实施纲要》，扎实推进新时代爱国主义教育，同时引导广大青少年更好地了解共青团、少先队的光荣历史，坚定前进信心，立大志、明大德、成大才、担大任，努力成为担当民族复兴大任的时代新人，我们特别策划了新时代爱国主义教育丛书"做堪当新时代重任的接班人"。丛书为不同年龄段读者展示了100多年来中国共产党领导下的共青团和少先队组织的光辉历程、光荣事迹、光彩人物。我们希望本丛书能够成为引导广大青少年树立远大理想、热爱伟大祖国、担当时代责任、勇于砥砺奋斗、练就过硬本领、锤炼品德修为的生动读本，成为激励广大青少年为实现中华民族伟大复兴中国梦而勤奋学习、努力奋斗的动力源泉。

青少年朝气蓬勃，是全社会最具活力、最具创造性的群体。"世界是你们的，也是我们的，但是归根结底是你们的，你们青年人朝气蓬勃，正在兴旺时期，好像早晨八九点钟的太阳。希望寄托在你们身上。"60多年前毛泽东同志的激情勉励言犹在耳。在实现中国梦的征途上，新时代的青少年必堪当重任，有所作为，不负时代！

编　者

2023年6月

目 录

第 一 编
浴血奋战谋求民族独立

在革命战争年代，成千上万的少年儿童，在党的领导下，紧跟父兄们的脚步，投身大革命的洪流，涌现出了严锡祥、姜墨林、谢荣策、李爱民等一大批有勇有谋、胆识过人的少年英雄。他们满怀革命理想，为争取民族独立、人民解放冲锋陷阵，抛洒热血。这一串串永不褪色的名字，如夜空中璀璨的恒星，闪耀在历史的长河中。

硝烟四起的村庄

　　苏区是采用"苏维埃政权"组织形式的地区。革命战争年代的各个苏区，少年儿童普遍都参加了共产儿童团，很多年龄大些的团员，甚至直接参加了保卫苏维埃政权的武装斗争。

　　1930年，13岁的严锡祥担任闽西革命根据地虎岗村共产儿童团团长。机智勇敢的他，被小伙伴们亲切地称为"严团长"。

　　1931年春天，红军转移到外线去作战时，驻扎在漳州的国民党军趁机大举进攻闽西苏区，很快就占领了虎岗村。严锡祥带领30多个年龄更大的儿童团员，往村子后面的大山撤去。

爬上山坡后，大家回头望，只见村子里已经是一片火海。有的团员情绪非常激动，愤慨地说："小伙伴们，敌人烧了我们的村庄，难道就这样算了不成?!"

"不，咱们打回去和敌人拼个你死我活！"有的团员喊道。

"大家不能轻举妄动，不要拿鸡蛋碰石头，这样不但无法打击敌人，还会白白牺牲。"严锡祥特别冷静，理智地分析道。

严锡祥先安抚大家的情绪，然后一起商量制定了打游击的作战计划。

一天夜里，这支少年游击队犹如天降，突然出现在敌人占领的虎岗村周围。他们冷不丁地放一挂鞭炮、打几枪，一边大喊"冲啊！杀啊！"过一会儿就又迅速散去。接连好几天，每天晚上都会发生相同的情况，为的是搅得敌人整夜不得安宁。

第四天晚上，少年游击队又下山了。不堪

其扰的敌人还以为和前几天一样，只是躲在山里的村民在虚张声势，喊一会儿就会散了，干脆蒙头继续呼呼大睡。

严锡祥看敌人没有大反应，抓住时机，一边吩咐部分队员在四周的山坡上点起火把，边呐喊边在铁桶里放鞭炮，制造喧闹的假象；另一边，严锡祥带着几名精干的队员扛上土炮，悄悄在敌人炮楼附近隐蔽好，架好土炮，瞄准炮楼。只听轰隆一声，炮楼被炸开了一角，还燃起了大火。看到火光，队员们像下山的小老虎，猛地冲向炮楼，杀得敌人措手不及，消灭了炮楼里一个班的敌人。少年游击队见好就收，迅速撤回到大山里。

敌人吃了这个闷亏，哪肯罢休，第二天就组织一队人马向大山扑去。没承想，少年游击队早已严阵以待。严锡祥大喊一声"打!"紧接着数不清的滚木和石块向敌人砸去。趁敌人毫无防备之际，他们果断地朝敌人补上之前舍不得用的子弹，打得敌人鬼哭狼嚎，狼狈而去，成功地粉碎了敌人的进攻。

敌人遭了这次打击，一时摸不清山上的兵力，一连几天不敢轻举妄动。又过了几天，一天夜里，严锡祥又带着小分队下山了。他们机警地躲过了敌人的游动哨，悄悄摸进了敌人的营部进行偷袭。他们刺死了正在睡梦中的卫兵，摘下了挂在墙上的手提式冲锋枪，一举消灭了刚从梦中惊醒的敌军警卫班。

听说少年游击队的英勇事迹后，红军战士都忍不住竖起大拇指，称赞孩子们机智勇敢。

> 要做一个好人，就要有品德、有知识、有责任，要坚持品德为先。
>
> ——习近平

2

旋风少年奇袭直罗

　　土地革命战争时期，在黄土高原上，有一支神出鬼没的少年武装——中国工农红军陕甘游击队少年先锋队。在共产党的领导下，这支少年武装南征北战，屡建奇功。

　　1935年10月，中央红军胜利到达陕北。为了粉碎国民党反动派的反革命"围剿"，红军在延安直罗镇布下天罗地网。

　　在直罗镇战役打响之后，为了防止敌人向黑水寺村逃窜，红军决定先摸清黑水寺等地的地形、敌情，以便及时派出主力切断敌人退路，好让敌军孤守无援。

由于黑水寺村有敌军的重兵把守，不便侦察，部队决定派少年先锋队的战士们组成侦察小队前往打探。

一个寒风凛冽的下午，直罗镇通往黑水寺村的路上，走来两个沿路"乞讨"的少年，一个头扎白羊肚子毛巾，一个挎着旧竹篮，提着打狗棍。后面又陆续走来几个放羊娃。他们就是化装后的张标、王芽、小柱子等12个少年先锋队队员，按照计划分批分道混进黑水寺村进行侦察。

黄昏时分，少年们在村东头的一个小土地庙里会合。天黑后，他们借着夜色的掩护，紧贴墙根，张贴标语。很快，黑水寺村出现了一条条标语："中国共产党万岁！""反对卖国！"另外几个少年在街道的十字路口画着敌军指挥所的地形图，仔细摸清周边的情况。

半夜，寒风呼啸，他们趁着敌军哨兵换班

的空档，将一张标语贴到了敌军指挥所外墙上，只见上面写着："牛元峰，反动派，窜到陕北来祸害，红军战士握牛刀，单要你的牛脑袋！"

各自完成任务后，少年们相继回到集合点，围在一起商量安全出村的办法。忽然，远处隐约传来一阵急促的哨声，随即是越来越近的杂乱跑步声和呐喊声。

张标听了听，果断地说："赶快，我们从

大路口出村!"12个少年,撒开腿,像旋风一样朝村口刮去……

敌人在苏区吃了红军不少亏,黑夜里哪敢出动太远。眼看着追不上了,只是在村头放了几响空枪,然后返回了营房。

顺利从黑水寺村脱险的12个少年,后来又成功将情报送出。根据他们的情报,红军迅速逼近敌人师部,取得了直罗镇大捷。

新时代中国儿童应该是有志向、有梦想,爱学习、爱劳动,懂感恩、懂友善,敢创新、敢奋斗,德智体美劳全面发展的好儿童。

——习近平

巧运过冬物品

　　1931 年九一八事变后，日本侵略者犯下罄竹难书的暴行，整个东北陷入一片水深火热的境地。

　　1932 年，刚满 11 岁的少年姜墨林参加了中国共产主义儿童团，成为一名地下交通员。别看他长得瘦小，却机智勇敢得很，经常在敌人眼皮底下传书送信、做侦察工作。每当侦察途中遇到敌人的追问盘查，他总能机智巧妙地闯过一道道险关。

　　姜墨林的抗日活动，很快就引起了日军和汉奸、特务的注意，可就是没抓到他。为了保护和培养姜墨林，地下党组织决定把他调入游击队，姜墨林正式成了一名小战士。

1937年冬，黑龙江风雪弥漫，大雪即将封山，可抗日游击队的不少战士都还穿着单衣。侵华日军趁天寒地冻，想把缺少过冬棉衣和粮食的抗日战士围住，冻死饿死在山上。

总指挥部决定派一支小部队到依兰县城去，找地下党和抗日救国会，筹集粮食、棉花和布匹，运回根据地。可是，这样重要和危险的任务由谁来领导完成呢？首长把眼光落在了16岁的小队长姜墨林身上。

接到这个任务，姜墨林心里自然明白这意味着什么。一路上，他带着队伍跨过高山峻岭，穿过茫茫密林，巧妙地绕过敌人的明碉暗堡，来到县城外的一片大洼地。他让大家把马和爬犁隐藏好，自己一个人进城去。他故意穿得破破烂烂的，背了一条破麻袋，里面装着又脏又臭的黄豆，然后把买货的钱藏在里面，大摇大

摆地朝城门走去。

　　遇到盘查的日本兵，姜墨林假装饿得摇摇晃晃，从麻袋里抓起一把黄豆给他们看。日本兵闻到一股酸臭味，赶忙捂着鼻子，甩手让他过去了。

　　进城后，姜墨林顺利地找到了地下党的同志，说明了来意。地下党组织决定通过抗日救国会发动群众购买物品。因担心自己暴露，姜墨林留下钱就出城等候。

三四天的工夫，城里的群众很快把粮食、棉花、棉布、棉鞋等物品置办齐了。他们装作走亲戚的样子，用各种办法，巧妙地分散着把物品运出了城外，交给姜墨林小分队。

运输小分队把这些东西一装好爬犁，就急忙上路了。姜墨林心想："这几天那么多人带东西出城，肯定引起了敌人的注意。"他向运输队的战士们说："你们不要管后面，你们的任务就是快往前赶路！"然后命令轻骑队员立即把马藏在灌木丛中，随后占据有利地势，埋伏下来，等待阻击。

果然，没多久，敌人就追上来了。姜墨林嘱咐大家："沉住气！我们的目的就是缠住敌人，保证运输队安全返回营地！"

敌人一靠近，姜墨林他们立即开火，给了敌人一个突然袭击，打得敌人人仰马翻，一下子就乱了阵脚。姜墨林率领战士缠着敌人两个多小时，为运输队赢得了宝贵的时间。天黑以后，姜墨林下令撤出战斗，率领战士急速上马，摆脱敌人，很快赶上了运输队。

第二天，运输队满载过冬物品，与总指挥部派来的接应部队会合，顺利回到了营地。

总指挥部首长拉着姜墨林的手，激动地说："你们得胜归来，从敌人的'心脏'里挖出这么多过冬的物品，真是一个奇迹！全军的同志感谢你们！"

希望你们读万卷书、行万里路，多学点历史，多了解点国情，开阔视野，增长见识，锤炼本领，早日成才。

——习近平

穿过敌人封锁线送信

抗日战争期间，在各个根据地普遍建立了抗日儿童团，成千上万的少年儿童参加了自己的组织。他们在中国共产党和抗日民主政府的领导下，跟自己的父辈、兄弟姐妹一起，积极地参加了对日军和汉奸、特务的斗争。

李爱民的家在太行山区武乡县白家庄，这里一开始建立儿童团，李爱民就当上了儿童团团长。

一天，八路军的钟营长找到李爱民，焦急地说："爱民，这封鸡毛信很重要，上面有敌人临时据点的位置和作战计划，是情报员冒着生命危险搜集到的。你能赶紧闯过敌人的封锁线，把它送给东沟的民兵吗？"

在战争年代，鸡毛信不是普通的信，插着鸡毛的信必须迅速送达。

李爱民知道这封鸡毛信的重要性，二话没说，把鸡毛信藏在袜子里，戴上草帽，拿了一根草绳和一把镰刀，就赶着他心爱的毛驴出发了。

李爱民赶着驴，专拣沟里的小路走，沟里净是乱草、荆棘，脚被石头碰破了，两腿也被拉了几道口子。李爱民顾不得这些，一路小跑，蹚过小河沟，爬过几道山岗，来到一个三岔路口。

李爱民正在琢磨往哪儿走的时候，一抬头，看到右前方一个土坎上有两个日本兵在望着他，嘴里不知在咕哝什么。怎么办？躲开吧，怕鬼子起疑心，也来不及了。

李爱民想起出发时，钟营长嘱咐他说的话："路上遇到情况要沉着，见机行事。"他往四周看了看，正好这时驴拉下一摊驴粪。怎么办？李爱民突然想到了一个好主意。他把鸡毛信藏好，然后顾不得脏和臭，抓起一把驴粪，直往身上涂。接着大摇大摆地把驴赶到沟里，弯下腰割起草来。

"八格牙路，举起手来！"突然，不知什么时候走到李爱民面前的日本兵，抓住了他的衣领。

另一个日本兵横眉瞪眼叫道："八路的探子？抓起来！"

李爱民装作傻乎乎又很害怕的样子，机智地说："我是来放驴和割草的。你们看，这是我割的一堆草，那是我家的小黑驴。"

日本兵带着怀疑的目光上上下下打量了好几遍，看到他穿得破破烂烂的，浑身都是粪，就是个放牲口的穷孩子。又将他身上从上到下搜了一遍，什么也没搜出来。李爱民身上驴粪的臭味还把他们熏得直捂鼻子，恨不得离得远远的。临走前，他们踢了李爱民几脚，厉声喊道："赶快滚，这里不准放驴！"

等日本兵离开后，李爱民忍痛挣扎着站起来，取回藏好的鸡毛信，把驴径直赶下了小路，迅速来到东沟，顺利地送出了这份十万火急的鸡毛信。

东沟的民兵得到情报后，第二天配合八路军顺利地打掉了日军的临时据点。

在革命、建设、改革各个历史时期，有无数共产党员为了党和人民事业英勇牺牲了，支撑他们的就是"革命理想高于天"的精神力量。

——习近平

民族气节小模范

1943 年春，日军在河北发起疯狂"扫荡"，实行惨无人道的"烧光、杀光、抢光"的"三光"政策。

3 月 3 日扫荡到河北武强县时，因为汉奸告密，说有八路军游击队员藏在前西代村，于是大量日伪军突然在凌晨包围了村子。

前西代村有一户堡垒户，户主在地方做抗日工作，大儿子是游击队员，12 岁的小儿子温三郁是儿童团员。看到情况万分危急，温三郁的爸爸和哥哥赶紧带着游击队的几名同志藏进了地道中。

　　日伪军包围前西代村后，就开始挨家挨户搜查，还把来不及躲藏的老百姓们全抓起来严刑拷打。有的老百姓被打得头破血流，还有两个无辜百姓死在日伪军的刺刀下。

　　由于汉奸的出卖，日伪军包围了温家。

　　"你家的地道洞口在哪里？八路军藏在哪里？"一个日本兵对着温三郁妈妈，狼一般地吼叫着。

　　"我家没有地道，也没有八路军。"温三郁妈妈平静而从容地回答。

　　但是伴随而来的是日伪军劈头盖脸的毒打。三郁妈昏了过去。

　　日本兵又看到小三郁，他们认为小孩子容易恐吓，就把温三郁抓了出来，用糖和饼干诱惑他，说："你如果告诉我游击队员藏在哪里，这些糖和饼干就是你的了。"

　　温三郁始终牢记母亲的嘱托，任凭敌人严刑拷打，总是重复说："不知道！"

日本兵大怒，气急败坏地用刺刀顶在他的后背，恶狠狠地喝道："再不说实话，就杀了你！"

温三郁还是坚决说不知道。

但是在日伪军挖地三尺的搜索下，地道口还是暴露出来了。为了掩护群众，游击队队长放弃了转移，带着几名战士冲了出来，击毙了几个日本兵和伪军，但是他们也壮烈牺牲了。牺牲前，他们把枪扔进了井里，为的是不把武器留给日本兵。

恼羞成怒的日本兵回来后，抽出刀狠狠砍向温三郁。温三郁本能地用双手护住头，但无济于事，几根手指被削去了小半截，很快疼得昏了过去。

好在最后，温三郁获救了。

此后，断指小英雄温三郁的英勇事迹传遍冀中平原。边区人民政府授予他"民族气节小模范"光荣称号，还奖给了他一枚银质纪念章。如今，这枚闪闪发光的奖章，就珍藏在中国人民革命军事博物馆里。

当年，温三郁才12岁，却能做到临危不乱、坚贞不屈，以不怕牺牲的精神掩护了游击队，着实令人敬佩。

希望你们怀着一颗感恩的心，珍惜时光，努力学习，将来做对国家、对人民、对社会有用的人。

——习近平

英勇不屈的儿童团长

　　1947年冬，解放军在全国战场开始战略性反攻。尤其是东北各线进军更是神速，打得国民党部队丢盔卸甲，溃不成军。

　　消息传到辽宁茨榆坨村，乡亲们拍手称快，奔走相告："解放军快来了！"尤其是从小给地主当长工、受尽欺凌的谢荣策，恨不得立刻见到解放军。

　　12月18日，解放军主力部队进驻茨榆坨村。谢荣策高兴极了，热情积极地带路、送信，帮助工作组发动群众、开仓救贫。

　　村儿童团成立后，16岁的谢荣策被推选为

团长。他带领儿童团员不畏数九寒天，日夜站岗放哨，同坏人展开斗争，工作干得非常出色。

　　一天早上，谢荣策和儿童团员们正在村口站岗放哨，看到一个面生的人鬼鬼祟祟地向村子里走来。谢荣策觉得此人十分可疑，便小声嘱咐大家："这个人不对劲，做好准备，等我盘问一下再说。"

那人一到村口，便被拦住了。谢荣策问了一连串的问题，那人支支吾吾回答不上来，掉头就要走。谢荣策高喊一句："哪里逃！快抓住他！"儿童团员们一拥而上，把那家伙扭送到农民协会。经过审问，原来那家伙果真是国民党派来搜集情报的特务。

在农民协会院子里，堆放着一堆棉衣、布匹。负责看管这些胜利果实的谢荣策，身穿一件"开花"的破棉袄，头戴一顶破旧狗皮帽，冻得直打寒颤。

见他受冻，和他一起搭班的人就好心地说："天气冷，这里有这么多衣裳，你就拣一件先穿着吧！"

谢荣策严肃地说："那怎么行呢？这是大家的胜利成果，再冷我都不能乱动。"

1948年3月以来，解放军相继离开驻地，开往前线去作战。龟缩在沈阳城内的国民党军队，乘机回过头来对各村进行武装骚扰。

3月11日早晨，解放军工作组组长急匆匆地对谢荣策说："工作组要暂时离开茨榆坨村，外出执行任务，得离开一段时间。你也回家躲一躲，记住，一旦敌人来了，要机智点。"

临走前，组长还告诉谢荣策，据可靠消息，国民党的一股骑兵，正沿着公路迅速向茨榆坨村扑来。谢荣策听后第一时间掩护农会干部、儿童团员安全撤离，然后和堂哥急匆匆地往家赶。

不料，途中遇到几名国民党骑兵。此时的敌人还不知道他们的身份，只胁迫他们带路和遛马。

回来后，村里的大地主幸灾乐祸，蓄意报复，眼珠子转了转，大声说："哟，这不是我们村大名鼎鼎的儿童团谢团长吗？"

敌人一听，立即把谢荣策绑在马桩子上。看他是个儿童团员，以为他身上有重要情报，只要稍加威逼利诱，就可以从他嘴里得到解放军的信息，于是连忙审问谢荣策。

"小兔崽子，识相点就老实交代，你们那帮穷人头子都跑到哪里去了？你们的部队在哪里？"敌人恶狠狠地问。

谢荣策冷静地回答道："什么部队？我不知道。"

不管敌人如何折磨，谢荣策始终咬紧牙关，什么信息都没吐露。

第二天，无计可施的敌人把谢荣策押上刑场。谢荣策大义凛然，高呼"中国共产党万岁"，英勇就义。

　　革命战争年代，革命先烈在生死考验面前所以能够赴汤蹈火、视死如归，就是因为他们对崇高的理想信念坚贞不渝、矢志不移。

——习近平

第 二 编
发愤图强建设美好家园

1949 年 10 月 1 日，毛泽东主席在北京天安门城楼上向全世界庄严宣告："中华人民共和国中央人民政府今天成立了！"自此，中国人民第一次以主人的姿态，满怀希望和激情地开始建设自己的新国家。面对一穷二白、百废待兴的新中国，朝气蓬勃的年轻一代更是奋勇冲在前面，积极投身到建设祖国的热潮中。他们奋力拼搏的身影跃动在各行各业中，书写了自力更生、发愤图强、绘就新河山的历史篇章。

巧手织出奇迹

　　纺织业是我国的传统工业，更是国民经济不可或缺的重要组成部分。我们穿的衣服，用的床单、被套等布料都要靠纺织生产。中华人民共和国成立初期，我国人民物质生活匮乏，经常吃不饱穿不暖。

　　1949年6月，山东省青岛市解放，生产百废待兴，纺织厂大量招工。郝建秀抱着尝试的心态报了名，幸运地被青岛国棉六厂录用了，分到细纱车间成为一名挡车工。

　　挡车工的工作很烦琐，对手、眼、脑协调性要求高，要少出白花、多纺纱。棉线线头若接不好，就会变成疙瘩似的皮辊（gǔn）花，需要被当作边角料清理，而棉线皮辊花越多，意味着纱线产量越低。

郝建秀十分珍惜这个工作机会。爱思考的她，接线头的时候总在想："怎样才能减少皮辊花呢？"她盯着手中的纱想到，如果纱线一直不断，没有断线头不就没有皮辊花了吗？断线头是不是与车面的花毛有关呢？郝建秀立即开始试验，发现只要有花毛的地方就会出现断线头的情况。掌握了断线头的规律，她开始注重花毛的清理，保持车面的清洁。这样一来，就不用来回跑着一直盯着断线头了，工作效率、工作质量都大大提高。

经过不懈摸索和实践，不到 3 年时间，郝建秀摸索总结出了自己的细纱工作法，不仅生产效率大大提高，而且出的产品质量又好，很快在各类劳动竞赛中崭露头角。

1951 年 2 月，全国纺织工会主席陈少敏读到一则消息：青岛国棉六厂一名细纱工人，连续 7 个月皮辊花率一直保持在 0.25% 以内。这

则消息让她既欣喜又有几许怀疑：当时，像上海这样全国纺织业的龙头城市，皮辊花率也在1.5%上下，青岛的年轻女工能做到这么低？

陈少敏决定去青岛一探究竟。一下火车，陈少敏就直奔国棉六厂细纱车间，见到了留着短发、稚气未脱的郝建秀。只见郝建秀值机车时不慌不忙，有条不紊，巡回、接头、换粗纱、打擦板，各项必要的清洁工作均穿插在巡回中完成。陈少敏发现，与其他女工一会儿紧一会儿松不一样，郝建秀干活节奏匀称、收放自如。

3个月后，一份名为《郝建秀工作法》的总结报告正式出炉。

1952 年，在全国纺织系统大会上，这套方法被正式命名为"郝建秀工作法"。郝建秀所在的小组在增产节约运动和推广"郝建秀工作法"中，做出了突出贡献，被命名为"郝建秀小组"。"郝建秀工作法"在全国全面应用后，实现全国每年增产 4.4 万件棉纱，可供 400 万人一年的用布。

郝建秀凭借着自己的才干和影响力，用巧手、善思创造了奇迹，为新中国的经济恢复和发展贡献了巨大财富，被授予"全国工业劳动模范"称号，成为家喻户晓的新中国第一批模范代表。

从现在起，你们就要争当勤奋学习、自觉劳动、勇于创造的小标兵。

——习近平

中国工人阶级的一面旗帜

1948 年 11 月的一天，空袭警报在沈阳上空又一次响起，这是国民党军又派战斗机来轰炸解放区了。敌机呼啸而过，沈阳第五机器厂的一间车间里，却是机器轰鸣声不断。

这时，一颗炸弹落在车间旁，窗户瞬间被震碎，玻璃片乱飞。车间内的人却丝毫不受影响，依旧冷静地在操作着设备，争分夺秒加班生产。一个 40 岁出头的男人边干活边对大家说："工友们，敌机它炸它的，我们干我们的。为了支援解放战争，咱们死了也值得。"就是在这种生产环境中，他们成功将高射炮至关重要的核心组件生产出来。这个男人就是沈阳第五机器厂车工一组组长马恒昌。

1907 年出生的马恒昌当时是沈阳第五机器厂的一名车工。1948 年 11 月 2 日，沈阳解放。解放军接管工厂的第二天，就在大门口贴出了一张硕大的告示：全体工人上班，按家庭人口数领高粱米。

20 多年来饱受资本家剥削和压迫的马恒昌，一开始对能免费领米没抱多少希望，直到看见工友们背着装得满满的袋子回家。因家人都在乡下，领粮时，马恒昌只报了自己一个人的数，而解放军却按他一家 7 口人的量如数发了高粱米，这让马恒昌感动得热泪盈眶。要知道当年沈阳闹虫灾，庄稼颗粒不收，连普通的米都很难买得起。和家人一起吃了这顿高粱饭后，心怀感恩的马恒昌连夜回到工厂上班。

不久，由马恒昌担任组长的车工一组接到一项紧急任务：制造 17 门高射炮的闭锁机。那时，淮海、平津战役还在进行中，国民党的飞机经常有恃无恐地对解放区进行轰炸。解放军有了高射炮，就可以进行空中防御。

　　当时闭锁机既没图纸也没工艺，还没有测量工具，只有废旧的部件做样子，工厂的核心设备也被国民党特务人为损坏了。面对这项几乎不可能完成的任务，马恒昌憋着一股劲，在经历一次又一次失败后，最终绘制出闭锁机的图纸。车工一组的工人们随即投入紧张的生产中，在敌机不断骚扰轰炸的情况下，他们奋不顾身地坚守岗位，争分夺秒，最终提前5天完成任务，大家无不称这是一个奇迹。

　　1949年春，为支援解放战争，马恒昌带领车工一组，向全厂发出了劳动竞赛倡议。他带领的车工一组在生产竞赛中成绩优异，获得"生产竞赛模范班"红旗，并被正式命名为"马恒昌小组"，马恒昌任第一任组长。

1951年1月29日，"马恒昌小组"通过《工人日报》向全国各条战线发出了开展爱国主义劳动竞赛的倡议，得到了全国各地18000多个班组的300多万名工人积极响应。这一年，"马恒昌小组"提前两个半月完成国家给他们下达的任务，创造了69项新纪录。

马恒昌被评为新中国第一批"全国劳动模范"。如同一个闪亮的坐标，马恒昌鼓舞着一代又一代人，成为激励中国工人阶级拼搏奋斗的一面旗帜。

心有榜样，就是要学习英雄人物、先进人物、美好事物，在学习中养成好的思想品德追求。

——习近平

大爱无疆的生命天使

在中国，有一位当代女名医被称为"万婴之母"，她就是中国妇产科学的奠基人——林巧稚。

如今，新生婴儿大多在医院出生。但在以前，我国的妇科事业一片空白，生孩子可比现在困难多了。对于很多产妇来说，生孩子相当于鬼门关前走一回，十分凶险，产妇和婴儿的死亡率都很高。

1901年12月，林巧稚出生在厦门。在她5岁时，母亲因病去世。"如果自己能够成为一名医生，很多人的命运会不会就不是这样？"从那时起，治病救人的愿望就在她心里扎下了根。

终于等来了机会，北京协和医学院开始

面向全国招生，林巧稚决定报考。继母担忧地说："医学院要读8年，8年后你就是大姑娘了，还能嫁给谁呢？"

林巧稚丝毫没有动摇，她斩钉截铁地说："那我就一辈子不嫁人！"

1921年，林巧稚离开家乡去上海参加考试。在她最拿手的英语考试的考场上，有一个女考生突然中暑晕倒了。在这紧要关头，谁还顾得上他人呢。林巧稚当时

只答了一半的题，但她还是立即中断了自己的考试，自告奋勇将那个晕倒的考生背去医务室。只是等她回到考场，考试早已结束。她只好悻悻离去，打算明年再考。

但不承想，一个月后，她收到了来自北京协和医学院的录取通知书。原来是监考老师给学校写了一份报告，称赞她流利的英语口语能力和医者仁心的品行。

北京协和医学院的淘汰制极其残酷，8年时间里，林巧稚抛开一切，埋头苦读。作为班上少数的几个女学生之一，她从不服输，"男同学考100分，我要考110分！"凭着一股刻苦钻研的劲头，林巧稚的成绩一直名列前茅。

作为优秀毕业生从协和医学院毕业之后，林巧稚前途一片光明。可她为了儿时的梦想，选择了当时世人并不看好的妇产科。很多同学都为她感到可惜，但她不以为意，她说："妇产科需要我。"

1929年，林巧稚成为北京协和医院第一位毕业留院的女医生，开始了她54年的从医生涯。无论面对怎样的危险，她都坚持救人。她总是说："只要我一息尚存，我存在的场所便是病房，我存在的价值就是医治病人。无论在什么地方，救治危重的孕妇，就是我的职责。"

林巧稚用双手温柔地引领5万多个新生命来到这个世界，我们熟知的袁隆平院士就是她亲手接生的。林巧稚用她的一双妙手，也将许许多多产妇从鬼门关前拉了回来，挽救了她们的生命。

林巧稚对中国妇科的贡献是不可磨灭的，她的一生，始终贯彻着年少求学时最纯粹的信念，那就是："怀着非凡的爱去做平凡的事。"

希望你们向爷爷奶奶学习，热爱党、热爱祖国、热爱人民，努力成长为有知识、有品德、有作为的新一代建设者，准备着为实现中华民族伟大复兴的中国梦贡献力量。

——习近平

我把荒地变乐园

　　"北大荒"旧指黑龙江省北部在三江平原、黑龙江沿河平原及嫩江流域的广大荒芜地区，20 世纪 50 年代以来，我国对这一地区进行大规模开垦，经营农场，使得"北大荒"变成了如今的"北大仓"。

　　1955 年，是共和国激情燃烧的岁月，处处热火朝天，人人干劲十足。

　　一次会上，北京青年党员杨华听到一个惊人的信息：在祖国东北角的黑龙江省，还有 1 亿亩的荒地没有被开垦。杨华很兴奋，在会上就向党组织提出远征垦荒的请求。许多人不以为然，当时有人说："杨华，如果国家号召开发边疆，我让你第一个报名去，你可得说话算数啊！"杨华回答："我随时听候祖国的召唤！"

1955 年 4 月，团中央发出向荒山、荒地、荒滩进军的号召。杨华立即找到李连成、李炳恒、庞淑英、张生，五人一起递交了组建志愿垦荒队的倡议书。

在倡议书中，他们写道："我们知道，到边疆垦荒一定会有很多的困难，但我们有一个困难就克服一个困难，有一万个困难就克服一万个困难，我们一定能在荒凉的北大荒建设起自己的村庄和家园！"

这份倡议书发出之后，如火种迅速点燃了青年的心，10 天之内就有近千名青年报名参加。1955 年 8 月 23 日，北京青年志愿垦荒队正式成立了，成员 60 人。

历经多日的奔波，北京青年志愿垦荒队终于到达祖国北部边陲、人烟稀少的萝北荒原。

一到目的地，队员们就不顾疲累，忙碌起来，开始了垦荒的生活。有人在草地割草，有人在河边挖渠，还在一个小桦树林中支起了荒原上第一顶"双层"帐篷。60名队员就挤在这顶帐篷里，女队员住"二楼"，男队员在地上铺上厚厚的草，睡"软卧沙发"。

在一年的时间里，总共有14批垦荒队员2567人来到萝北荒原，汇成一支气势磅礴的垦荒大军。在极其艰苦的环境中，垦荒队员们牢记自己的誓言，在萝北荒原上艰苦奋斗，无私

奉献，挥洒着自己的青春与汗水，克服了一个又一个困难。经过一年的奋斗，取得可喜的成果：开垦荒地1800亩，生产粮食28万斤，建造房屋1200平方米。三年后，开垦荒地10500亩，生产粮食90万斤，养马240匹，建造房屋4120平方米。

北京青年志愿垦荒队是全国第一支青年志愿垦荒队伍，他们的行动给全国青年带来了重大影响，其他省市也纷纷组建青年志愿垦荒队。青年志愿垦荒的星星之火迅速燃遍神州大地，20多万名青年奔赴各地荒山、荒原、荒湖、荒岛，开荒建点，安家立业。

广大青年应该在奋斗中释放青春激情、追逐青春理想，以青春之我、奋斗之我，为民族复兴铺路架桥，为祖国建设添砖加瓦。

——习近平

她从北坡登顶珠峰

1975 年 5 月 27 日 14 时 30 分，中国登山队副队长潘多，与 8 名男队员一起成功登顶，亲手将五星红旗插在世界之巅。因此，潘多成为中国首位成功登顶珠穆朗玛峰的女性。

珠穆朗玛峰（简称珠峰），世界之巅，无数登山者为之神往。而登顶珠峰，更是被视作挑战生命极限的"勇敢者游戏"。

潘多，1939 年出生在西藏，生长在珠穆朗玛峰脚下。1958 年，潘多在西藏的一个农场当种菜工人。有一天，中国登山队来农场挑选女子登山队员，潘多举手报了名。几天后，潘多接到入选登山队的通知。登山需要良好的身体素质和强大的意志力，对女性而言，挑战更大。潘多入队后立即开始了紧张而艰苦的训练，每天出操、跑步、负重行军。一天十几个小时的高强度训练，让许多人都打了退堂鼓，潘多却咬牙坚持了下来，还顺利通过了登山队的三次选拔测试。

紧张的训练没过多久就有了回报，潘多先后征服了慕士塔格峰（海拔 7546 米）、公格尔九别峰（海拔 7530 米）等一座座山峰，多次打破世界女子登山的高度纪录。

那时，国外借口 1960 年我国登山队三名队员从北坡登上珠穆朗玛峰时没有留下影像资料，不承认他们成功登峰。1975 年，中国登山队决定再次攀登珠穆朗玛峰，在最短时间内组成了中国男女珠穆朗玛峰登山队。这一年，已经 36 岁"高龄"的潘多，把 3 个孩子托付给亲人后，就回到队里开始集训。

　　得知日本也正准备从南坡登珠峰，队员们都憋着一口气，拼了命地练。作为副队长，潘多给队员们打气鼓劲，说："我国以前被称为'东亚病夫'，我们要摘掉这顶帽子，要证明给他们看！因此，我们誓死也要登上珠穆朗玛峰，而且要从北坡登！"珠峰北坡，被国外登山队称为"死亡路线"。

　　1975年5月27日，中国登山队向珠峰发起当天的第二次冲击。冲击峰顶的路上困难重重，在海拔8600米，潘多爬一个台阶的时候，背包和帐篷突然卡在了岩石缝里拉不出来。她抓着背包带子想把它从岩石缝里拉出来，就在拉的时候，身体失去了重心，眼看就要从山上滚落下去。回过神来的潘多看准了一个岩石缝，赶紧把脚狠狠地插了进去，同时用手紧紧扒住岩石，才稳住了身体。与死神擦肩而过的潘多冷静下来，调整好自己的呼吸，定了定神，奋力地跟着男队员继续朝峰顶前进。

　　珠穆朗玛峰北坡接近峰顶一带有高达数十米的冰陡崖，上面的冰冻得十分结实，根本站不住脚，是登顶过程中难度最大的一段路程。有了先前的惊险，潘多和队友们每个人都绷紧了神经，脑子里连一丝杂念都不敢闪现。

14 时 30 分，9 位登山队员终于胜利登顶。潘多与队员们有条不紊地打冰拉绳索，将 3 米高的红色金属测量站标固定，测出珠峰的高度是 8848.13 米。此时的五星红旗如同凌雪怒放的红梅高高飘扬在珠峰之巅。

苦字面前不摇头，难字面前不低头，在这场属于强者的"极限挑战"里，潘多创造了属于自己的奇迹，成为中国首位登顶珠峰的女性，也是世界上第一位从北坡登顶珠峰的女性。

> 志向是人生的航标。一个人要做出一番成就，就要有自己的志向。
>
> ——习近平

让汉字自由出入计算机

同学们，当你每天自如地使用电脑、手机等电子产品时，是否想过里面的汉字最初是如何存储进去的？当你阅读墨香悠然的图书汲取知识时，又是否想过书上的汉字是怎样被精美地印刷出来的？在汉字录入早已习以为常的背后，有着一段中国科学家王选锐意进取、迎难而上、划时代创新的故事。

1937 年，王选出生于上海一个知识分子家庭。青少年时期的王选是一个品学兼优的好学生，用现在的话说，就是一枚妥妥的学霸。1954 年，王选考上了北京大学，在大二时选择了新设立的计算数学专业。

1946 年，世界上第一台电子计算机在美国问世。随着计算机的迅速发展，西方国家率先结束了铅字印刷，采用了电子照排技术进行出版印刷。而我国直到20世纪70年代都仍然沿用落后的、效率低的铅字排版和印刷方式。

为了改变这一面貌，1974年8月，在周恩来总理的关怀下，我国设立了国家重点科技攻关项目"748工程"，其中一个子项目就是组织研发汉字信息处理系统。

然而，让印刷体的汉字自由出入计算机，谈何容易。计算机是西方发明的，当时只能够处理西文，英文大写、小写字加起来也不过52个，而汉字常用字就有6000多个，还有20多种字号。此前中外科学家尝试了许多方法，都没能彻底突破这一难关。

1975年，王选和妻子陈堃銶着手汉字精密照排系统研究。1976年，王选开始负责"748工程"的总体设计和研制工作。经过调查，王选认为应该采用"数字存储"方式将汉字信息存储在计算机内。于是，他发挥自己计算数学

专业的特长，独辟蹊径，发明了"用参数表示规则笔画，用轮廓表示不规则笔画"这种世界上独一无二的数学方法，巧妙地把几千兆的汉字字形信息，大大压缩后存进了只有几兆存储量的计算机。这是新中国在世界上，首次把印刷体汉字存入了计算机。

攻破了输入难关后，又面临着如何输出的难关。王选又带领科研团队，设计出加速字形复原的超大规模专用芯片，研制出了国外还没有同类产品的汉字激光照排系统，成功地从计算机里输出了汉字。在当时的硬件条件下，创造了每秒生成710个汉字的世界最快速度。

尽管如此，那时国外照排机厂商大举到中

国开拓市场，国内用户和业内人士纷纷购买国外产品，激光照排项目的研发人员也因各种原因流失了不少。是临阵退缩，还是决战市场？王选带领研发团队夜以继日、不懈努力，经过18年的艰苦攻关和不断完善，汉字激光照排系统风靡全国，让外国公司的照排系统退出了中国市场。

王选发明的激光照排系统，颠覆性地改造了中国出版印刷行业，彻底淘汰了我国使用了100多年的铅字印刷，也让汉字插上了"电子翅膀"，焕发出了崭新的生机和活力。

王选从一位普通青年，成长为一位伟大的科学家，展现了百折不挠的献身精神、永不止步的创新精神、顶天立地的开拓精神、细致踏实的工匠精神，为我国广大知识分子树立了光辉榜样。

我们不以胜负论英雄，同时英雄就要敢于争先、敢于争第一。

——习近平

第 三 编
锐意进取助力巨龙腾飞

    党的十一届三中全会，拨正了中国巨轮的航向，改革开放使全社会焕发了勃勃生机。在改革开放的浪潮中，亿万人民群众特别是年轻一代，他们迸发出空前的锐意进取的巨大热情，用勤劳、智慧、勇气，勇立潮头、奋勇搏击，创造了一个个辉煌佳绩。

小纽扣成就梦想

在我国古代，百姓们都认为"士为尊，商为贱"。改革开放前，大众眼里的个体户也还不是个体面的工作。改革开放后，一大批勇于尝试的人加入了个体户这个队伍。

1980 年 12 月 11 日，19 岁的温州姑娘章华妹从温州市工商行政管理局领到了一份特殊的营业执照——工商证字第 10101 号，这是中国第一份个体工商业营业执照，她本人则成了"中国第一个工商个体户"，改革开放之初第一批"吃螃蟹"的勇敢开拓者。

章华妹出生时，她家里已经有了 5 个哥哥和1个姐姐，一家9口人的生活非常困难。

章华妹小学毕业后的一天，爸爸对她说："华妹，你姐姐已经出嫁，你妈妈生病住院，家里要有人陪护你母亲，你就不要上学了。"就这样，章华妹辍学了，照顾妈妈的重任也落到了她身上。

过了几年，不甘于现状的章华妹，开始学有些生意人的样子，在家门口摆一张桌子，放上一些生活日用品，"偷偷"做起了卖纽扣、针线、毛巾、手帕、袜子、纪念章等零用品的小生意。

俗话说："万事开头难。"那时候，即使是在思想较为开放的温州，人们也一样认为做小买卖是件丢人的事。章华妹在外面摆地摊，见到同学、朋友还有点难为情，总感觉头都抬不起来。还有几位同学，路过看到她在摆摊，就把脸转过去，假装没看到。但是做了一段时间，章华妹发觉每天都有收获，感觉特别高兴，便

自我安慰:"人家上班赚钱,我这也是赚钱,只要自己想开了就好了!"就这样,章华妹顶着外部压力、排除心理障碍,一天又一天地坚持了下来。

1978年12月,党的十一届三中全会胜利召开。第二年,按照国家政策,允许各地可以批准一些有正式户口的闲散劳动力从事修理、服务和手工业个体劳动。

1980年的某一天,刚成立不久的温州市工商局鼓楼工商所工作人员告诉章华妹："现在国家政策放开了，私人可以做买卖了。"又过了不久，鼓楼工商所的工作人员又来告诉章华妹一个好消息："现在做小生意合法啦，你可以申请营业执照了。"

已经摆了几年摊的章华妹，一开始内心还是顾虑重重，回家思考了一晚上后，觉得自己要勇敢去尝试。第二天，她就去鼓楼工商所，填写了个人信息提交申请。有了营业执照的章华妹，迎着改革开放的春风，生意越做越好，越做越大，从曾经让人瞧不起的小商贩，迅速变成了"万元户"。

如果没有邓小平同志指导我们党作出改革开放的历史性决策，我们国家要取得今天的发展成就是不可想象的。

——习近平

热血满腔许家国

2017年，中华人民共和国第一次为军队中做出突出贡献的人员颁发"八一勋章"，有10位英雄获此殊荣，其中有一位视死如归、血战到底的战斗英雄，他就是韦昌进。

1985年3月，不到20岁的韦昌进随部队参加边境自卫防御作战。当时，韦昌进所在的排坚守在一个小山包上，这里是敌人进攻我军主阵地的必经之路。敌人隔三岔五地向这里发起进攻，企图撕破我军防线。

在一次战斗中，敌军以数倍于我军的兵力，又一次向这个阵地猛烈进攻。激战中，韦昌进感觉到右锁骨和左大臂像是被什么猛刺了一下，一

股热乎乎的液体直往下流。韦昌进知道自己这是中弹了，但看到敌人就在眼前，他顾不上包扎伤口，狠狠扔出两根爆破筒，又甩出十几枚手榴弹。韦昌进和战友们打退了敌人的又一次进攻。

败下阵来的敌人恼羞成怒，立即进行火力报复，炮弹接踵而至。飞溅的弹片击中了韦昌进的左眼。身边的战友也一个个倒下，韦昌进顾不得钻心的疼痛，咬紧牙关，将受伤的战友迅速转移到猫耳洞里。他顺手一摸，沾了一手鲜血，原来右胸也已被弹片穿透，臀部的一块肉也被削掉了。

不知过了多长时间，猛烈的爆炸声将疼得昏了过去的韦昌进震醒。他往猫耳洞外面一看，几十名敌人嚎叫着冲了上来。战友们提着枪义无反顾地往前冲，相继壮烈牺牲。韦昌进恨不得立即冲出去，但他此时已经动弹不得，洞口又被堵住，想出去也出不去了。

韦昌进心急如焚，心想："左眼虽然被打瞎了，但右眼还能用，还能观察敌情。"他拖着血肉模糊的身子，艰难地爬到洞口，一边注视敌人的动静，一边用报话机向排长报告。

由于敌人的火力封锁，增援的同志一时上不来。韦昌进感到全身已没有多少气力，呼吸也越来越困难。不知过了多久，洞顶和洞口边传来敌人的说话声。韦昌进猛地意识到，敌人已经爬上了阵地。如果敌人找到了洞口，不仅他的性命保不住，更重要的是阵地要失守。

在这危急时刻，韦昌进第一个想到的却是与敌人同归于尽，保住阵地。他毅然拿起报话机，大声喊道："排长，敌人上来了，就在哨位周围。为了祖国，为了胜利，向我开炮！立即开炮！"

"那你呢？"排长心痛欲裂。

"不要管我！快啊！向我开炮！"韦昌进用

尽力气对着报话机喊道。

大约过了几分钟，如同狂风暴雨般的炮弹扑向阵地，将立足未稳的敌人彻底消灭。

阵地保住了！万幸的是，炮弹像长了眼睛，没有炸到韦昌进所在的猫耳洞口。

由于负伤过重，韦昌进昏迷了7天7夜，被辗转送到后方医院治疗，全身有20多处伤口，身上有4块弹片始终无法通过手术取出。

战斗结束后，韦昌进被中央军委授予"战斗英雄"荣誉称号，荣立一等功。

希望你们以英雄的父辈为榜样，坚定理想信念，刻苦学习训练，努力练就报国为民的过硬本领，矢志不渝做党和人民的忠诚卫士，为建设更高水平的平安中国不懈努力，为推进强国建设、民族复兴伟业积极贡献力量。

——习近平

成功就是把一件事重复地做到极致

十年磨一剑，谁亮剑谁争锋。运动员在训练场上的十年苦练就是为了有朝一日能够在比赛场上证明自己，为国争光。但有这样一位运动员，她是我国体坛上的"梦之队"——中国跳水队的首个"跳水皇后"。伏明霞，这位中国跳水界的传奇人物，曾在中国奥运史上书写了辉煌的篇章。

1992年7月28日，第25届巴塞罗那奥运会女子跳水十米跳台决赛，伏明霞在自选动作中，以高难度动作征服了所有裁判和对手，夺得冠军。凭借13岁零345天的年龄，伏明霞成为最年轻的奥运冠军，载入吉尼斯世界纪录。4年后，第26届亚特兰大奥运会上，伏明霞同时获得了女子10米跳台、女子3米板的冠军，成为中国奥运跳水史上的第一个跳台、跳板"双冠王"。

伏明霞骄人的战绩和完美精湛的技术让世人惊叹：她，简直就是一个跳水的精灵！但是，伏明霞的成功是付出了很大的代价才换来的。

伏明霞是武汉人，父母都很喜爱运动，夏天会到长江游泳，不过那时候他们一定没想到，小女儿的人生也会与水结下不解之缘。因为7岁以前的伏明霞是只"旱鸭子"，不仅不会玩水，还怕水。

伏明霞从小体弱多病，几乎每个星期都发一次烧。有一次，她爸爸妈妈在街上看到业余体校招收体操运动员的招生启事，就赶紧给她报名，只希望她练好身体，少生病。

伏明霞在体校练了一段时间体操后，由于

关节硬、柔韧性不好，教练建议她改练跳水。
听到要跳水，伏明霞吓坏了。经过爸爸妈妈的
一番鼓励，伏明霞这才把一张哭丧的脸舒展开，
从紧抿的小嘴里挤出一句话："爸爸，您陪我
学，我就学。"

　　于是，伏明霞开始跟着爸爸学游泳。刚开
始时，她的腰上拴着一根绳子，另一端缠在父
亲手上，在游泳池里不停地扑腾。但很快地，
夏天还没结束，伏明霞就大声地向大家宣布：
"我不再是旱鸭子了！"

　　但会游泳只是跳水的小小一步，还有更多

困难在等着伏明霞。为了让跳水动作趋于完美，每晚伏明霞都得坐在小板凳上，再把双脚平放在另一张小板凳上，爸爸妈妈轮流坐在她的双膝上，大人五六十公斤的体重一压就是几十分钟。这时伏明霞的哭声震天，她用小手使劲拍打爸爸妈妈，哭喊着："到时间了吧？到时间了吧？"

第一次站在 10 米高的跳台上时，伏明霞的腿有点发抖。她还是鼓足勇气，闭起双眼，勇敢往下一跳，像支冰棍一样，斜插在池水中，激起了高高的浪花……

跳水训练是漫长又枯燥的，但伏明霞总是记得爸爸所说的："不管干什么，以后的工作都会很辛苦，从小多吃点苦，对你的成长是有好处的。"在她的字典里，没有娱乐和休闲，训练完了就去吃饭，吃完饭就再训练，把一件事重复地做到极致，不断向极限挑战。

伏明霞一开始并不被看好，可她好胜心极强，骨子里总有一股不服输的劲。她刻苦训练，在各种比赛中崭露头角，不到 2 年时间就被选入湖北省队。

参加比赛时，很多人见她是一个小不点，便不屑一顾地说"他们是不是在开玩笑，从哪里弄来这么个小萝卜头参加比赛"。可是，在比赛场上，她起跳、翻腾，犹如鱼儿一样跃入水中，浪花很小……人们这才见识到她的与众不同。

1990 年，伏明霞被选入国家队，又在短短两三年的时间里迅速成为中国跳水队的主心骨，开启了自己的传奇生涯，创造了一个又一个历史。

体育锻炼是增强少年儿童体质最有效的手段。现在生活条件好了，孩子们不是要吃得胖胖的，而是要长得壮壮的、练得棒棒的。体育锻炼要从小抓起，体育锻炼多一些，"小胖墩"、"小眼镜"就少一些。

——习近平

我要冲上云霄

　　我的偶像不是影视明星，也不是网红主播，而是一位伟大的航天员，他的名字叫杨利伟。杨利伟是第一个进入太空的中国公民，他是我心目中的英雄，因为他，我的心田也埋下了一颗"航天梦"的种子。

　　令我想不到的是，杨利伟并不是从小就是个勇敢的人，相反，他自幼腼腆内向，缺少胆量，外面放鞭炮，他都会吓得躲到桌子下面去。后来他爸爸经常带他去登山，去河里游泳，去野外爬树摘果子，他胆子才大了起来。

　　离他们家不远的地方，有一座军用机场。在近距离看到腾空而起的飞机和精神抖擞的飞行员后，杨利伟的心中既崇拜又羡慕。他常常站在家门口，仰望机场的天空，看呼啸而过的飞机和练习跳伞的飞行员，心都被飞机和蓝天给带走了。就这样，杨利伟暗下决心，自己也要冲上云霄。

怀揣着梦想，18 岁的杨利伟通过层层选拔，正式成为中国人民解放军空军飞行学院的一名学生。不久后，他又通过从空军现役飞行员中选拔预备航天员的重重测试，成为我国第一代航天员。

成为航天员就一定能进入太空吗？成为航天员只是拿到了前往太空的入场券。只有通过一场场艰苦卓绝的考验，才有可能进入太空。

加入航天员队伍后，迎接杨利伟的是更加严酷的训练。航天员必须接受超重耐力训练、低压缺氧训练、前庭功能训练、失重飞行训练等"魔鬼训练"。比如离心机训练，离心机形状就像一只巨大的铁钳，紧紧夹住旋转舱，在圆形的超重实验室里飞速旋转。超重值逐渐加大到自身重量的 5 倍、6 倍，直至 8.5 倍，在这泰山压顶一般的"人造重力"压迫下，一般人会出现眼前发黑或意识丧失的情形，有时甚至威胁生命。

但再艰苦的条件，也压不垮有信念的人。杨利伟抛弃一切杂念、集中全部精力，一门心思苦练飞天本领。有时候，经过长时间的努力却达不到应有效果，他也会伤心气馁。但是，他不会让这种情绪在心中存留过长时间，而是很快就会收拾心情，继续投入训练。在经历了一次又一次的困难与挫折后，他摸索到一条规律：当一件事情坚持到快要

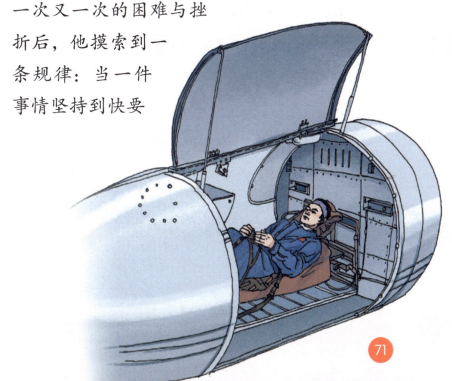

坚持不下去的时候，实际上就快接近成功了。

载人航天有很多未知的困难和风险，而首飞意味着要用生命去探索更多未知的风险。2003年10月15日，举世瞩目之下，杨利伟勇敢地乘坐神舟五号载人航天飞船首次进入太空，在太空中停留了20多个小时后，顺利返航，实现了自己以及中国人民的航天梦，显示出了无比的勇气和过人的身体与能力素养。

这就是我的偶像杨利伟。他让我明白，要想实现梦想，必须付出艰辛的努力，练就过硬的本领。

设立"中国航天日"，就是要铭记历史、传承精神，激发全民尤其是青少年崇尚科学、探索未知、敢于创新的热情，为实现中华民族伟大复兴的中国梦凝聚强大力量。

——习近平

"我是导游，先救游客"

2005 年 8 月 28 日，天刚下过小雨，地面有些湿滑。一辆旅游大巴载着一车乘客行驶在陕西省洛川县 210 国道上，旅游大巴里充满欢声笑语，22 岁的导游文花枝正在给大家唱着歌。

忽然，路上一辆突然改道的超速大货车迎面冲过来，"砰"的一声，撞上了旅游大巴。旅游大巴瞬间被撞得严重变形，车内乱作一团，哭喊声一片，游客们陷入极度的恐慌之中。

坐在最前排的文花枝被卡在座位里完全不能动弹，清醒过来后，她顾不上疼痛，艰难地拨出了求救电话。打完电话，她用尽全身力气大喊："大家一定要挺住，救援人员很快就要到了！大家不要慌，坚持住，我们一定要活着出去！"她的声音虽然微弱，却透着一股沉稳、坚定，像黑暗中的一道光束，让受伤、受惊的游客在噩梦中看到希望，坚强地等待着救援队的到来。

　　火速赶到的救援人员想先将离门最近的文花枝救出来，她却摇着头拒绝了："我是导游，后面都是我的游客，请你们先救他们！"

　　大巴车被撞得扭曲变形，每救援一名游客都需要很长时间。文花枝忍着剧痛，不断给等待援救的其他游客鼓气："大家不要睡过去！要坚持住！要活着回去！"尽管她数次昏迷，但只要一醒过来，她就不停地给游客打气。受伤的游客陆续被抬出车外，他们不时听到文花枝

的声音："我是导游，我没事，请先救游客。"

　　两个多小时后，全部乘客都被救了出去，文花枝是最后一个被营救出来的！由于耽搁时间太久，她的左腿不得不做高位截肢手术。为她做手术的医生遗憾地说："太可惜了，若早点做清创处理，她这条腿是能够保住的。"

　　人们问她"后悔吗？"文花枝平静地笑着说："一个人只有当该做的事情没有做，才会后悔；而我做了我该做的，所以我不后悔。"

　　生死关头，文花枝把生的希望让给游客，把死的威胁留给自己，永远地失去了自己的一条腿，兑现了尽职尽责、服务游客的诺言。

　　广大青年人人都是一块玉，要时常用真善美来雕琢自己，不断培养高洁的操行和纯朴的情感，努力使自己成为高尚的人。

——习近平

父亲送的白舞鞋

　　中央电视台 2005 年春节联欢晚会上，中国残疾人艺术团带来的节目《千手观音》，感动了全中国。21 个平均年龄 21 岁的有听说障碍的演员将舞蹈《千手观音》演绎得美轮美奂，赢得台下经久不息的掌声。领舞姑娘邰丽华，也征服了亿万观众的心，收获"观音姐姐"称号。

　　邰丽华 1976 年出生在湖北省宜昌市。小时候的一场高烧，让她不幸成为一个有听说障碍的人。父母带她辗转全国各地求医问药，任何治疗希望都不会放过，但始终不见好转。

　　7 岁那年，邰丽华在聋哑学校接触到律动课，将她带进了舞蹈世界。有一次，爸爸利用出差的机会，给邰丽华买回了一双真正的白舞鞋。她穿上舞鞋站在床上不停地跳转，舍不得脱下，这件特殊的礼物坚定了她学舞蹈的决心。

从此，邰丽华尽情地投入到一个新奇而又充满感召力的世界，她爱上了舞蹈，虽然听不到音乐，但是她用自己的心去伴奏。

15岁时，中国残疾人艺术团将她招入旗下，邰丽华开始正式接受舞蹈训练。之后，她便在舞蹈之路上越走越远，成为中国唯一登上两大世界顶级艺术殿堂——美国纽约卡内基音乐厅和意大利斯卡拉大剧院的舞蹈演员。

　　可她的成功并不是幸运带来的。"刚入团时，小邰丽华的勤奋好学是出了名的。"中国残疾人艺术团内的一位手语老师回忆道，"起初和别人相比，她的舞蹈基本功是最差的，连踢腿都不会"。此后每次排练，她总是站在离编导最近的地方，即便别人休息时，她还在反复地琢磨演练。

　　正是凭着这种执着，邰丽华在众多的舞者中脱颖而出，获得了一个又一个舞蹈大奖。在很多次舞蹈比赛中，评委们根本没有发现她竟有听说障碍。

　　尽管生活在无声的世界里，邰丽华也始终面带微笑，让生命之花在闪亮的舞台上绽放。

　　健全人可以活出精彩的人生，残疾人也可以活出精彩的人生。我们每个人都要珍惜生命、追求健康，努力创造无愧于时代的精彩人生。

——习近平

第 四 编
自信自强展现新时代风采

今朝多美好，伟大的新时代知道。今天的少年儿童是强国建设、民族复兴伟业的接班人和未来主力军。一批批自信自强的新时代好少年，以积极昂扬的面貌，呈现出勤学上进、品德优良、苦练技艺、创新发明、乐于助人、保护环境的优秀品质，展现了新时代少年砥砺品格，增长本领，努力实现德智体美劳全面发展的决心和行动。

我们的航天梦起飞啦

　　"5分钟准备!"……"3分钟准备!"……"2分钟准备!"……"10,9,8……3,2,1,点火!"巨大的轰鸣声震撼大地,白烟四起,火箭腾空而上,渐行渐远,几十秒后变为白点,开始了接下来的旅程。

　　2016年12月28日上午,我国首颗中学生全程参与研制并主导荷载设计的科普小卫星——"八一·少年行"卫星,搭乘长征二号丁运载火箭在太原卫星发射中心成功升空,开启了在宇宙中的征程。

　　或许每一名青少年心中都有航天梦:人造

卫星是如何发射的？成为宇航员需要经过哪些训练？空间站是怎么建的？2016年4月，北京市八一学校的刘上洋、徐依菲等40多名爱好天文、对航天有浓厚兴趣的同学通过筛选，成功进入学校科普小卫星学生研制团队。同学们的航天梦也起飞了。

小卫星研制是需要知识储备的。团队组建后，同学们开始前往航天系统各个研究所进行实地考察、参观。理论培训时，他们集中接受来自无线电、电源、星务等专业领域的各方专家的"知识轰炸"。

迫不及待想动手设计真的卫星时，专家老师的第一个问题就把他们问住了："你们的小卫星能干什么？""是啊，航天前辈们已经发射了许多卫星，通讯的、导航的、气象的、照相的……那么，我们的卫星发射上去后，要做些什么？"

研制团队的成员们开始了头脑风暴。同学们天马行空，各出奇招：VR（虚拟现实）照相，这样信息传回地球后，接收到的人们就可以身临其境，感受从太空鸟瞰地球的震撼；加速离轨清理太空垃圾；跟踪拍摄雾霾；搭载八一校歌……一共设计了十几种卫星载荷，最终决定搭载对地拍摄、无线通信、音频传输和快速离轨试验四种载荷。接下来，在老师的带领下，他们大胆想象，通过设计、绘图、接线，制作出了模型卫星。

　　长约 12 厘米，宽约 11 厘米，高约 20 厘米的"八一·少年行"小卫星终于造出来了。学

生代表们还共同护送着这颗凝聚着小组成员几个月心血的小卫星去太原，护送着它进入厂房、换衣服、喷淋……看着将卫星与弹射筒组装完成、将卫星装到火箭内壁……见证成功发射升空。

小卫星升空后，团队成员们还要通过监测卫星在天上的一举一动，来达成卫星最初设计时所承载的科普使命。

如今，这颗小卫星就像启明星一样，不断激发着全国许许多多学生科学探索的热情。

希望你们保持对知识的渴望，保持对探索的兴趣，培育科学精神，刻苦学习，努力实践，带动更多青少年讲科学、爱科学、学科学、用科学，努力成长为祖国的栋梁之材，将来更好为实现中华民族伟大复兴的中国梦贡献力量。

——习近平

"小金花" 传承国粹

"同学们，大家好，我叫曹语粲，是一个实打实的京剧爱好者。大家都知道，京剧是我国的国粹，那你们还知道哪些关于它的知识呢？真棒，你们说得都很对，京剧它分文戏、武戏、群戏三种，人物角色有生、旦、净、末、丑五种，表演方式是唱、念、做、打。我身上穿的这衣服，就是京剧正式的演出服装，接下来，让我为大家表演《穆桂英挂帅》的一个片段吧。"

在一次戏曲进校园活动中，来自河北石庄的小学生曹语粲，被同学们团团围住。"我

　　不挂帅谁挂帅，我不领兵谁领兵……"只见她
扮演的小穆桂英英姿飒爽，和着配乐，一会儿
转着圈，一会儿翻着摆着各种动作，一唱一念、
一招一式，十分传神的眼神，感染着每一位同
学，赢得阵阵掌声。

　　这不是"小金花"曹语粲第一次在校园中
表演京剧，小小年纪的她，主动传播国粹艺术，
是戏曲进校园活动中的"小老师"，在学校、电

视台、社区等登台表演多次，不少同学在她的带动下加入了学京剧的队伍当中。她还随团到外地进行公益演出，让更多的人感受到京剧艺术的魅力。

别看曹语粲现在表演起来驾轻就熟，回顾学京剧这条路，也是一把辛酸一把泪，吃过很多苦头的。

曹语粲从小就对传统戏曲表现出浓厚的兴趣。3岁时，只要电视里一出现戏曲节目，她就目不转睛盯着看，能跟着电视节目哼唱一些简单的唱段。见她有这方面的天赋，父母为她找到了河北省京剧院的名师，5岁的曹语粲正式拜师学习，成为老师最小的弟子。

台上一分钟，台下十年功。要想在戏曲之路上走得更远，必须扎扎实实地练功。用小嗓、大嗓唱戏需要练声，身段表演需要练腿、下腰。为了学好踢腿、压腿、走虎跳、跑圆场等基本功，曹语粲天天练、日日学，无论天寒还是酷暑，几乎一天都没落下。上下学路上，她坐在妈妈自行车后座上"咿、啊"地喊嗓子。

为把最困难的动作"反连蹦"完成好，曹语粲曾练了整整一天，由于动作需要旋转会经常感觉头晕，她不知道摔倒了多少次。拉云手、耗山膀也是基本功的一部分，只有通过不断的练习，才能形成肌肉记忆。每到胳膊酸痛想要放弃的时候，曹语粲就在心里给自己打气："再坚持最后 30 秒，这时候才能长功夫！"

学艺之路苦也甜。打好了基本功，曹语粲开始在戏曲舞台上逐渐绽放光彩，《贵妃醉酒》《穆桂英挂帅》等多个经典剧目都成了她的拿手好戏。

2018 年 7 月 16 日，在浙江省嵊州市举行的第 22 届中国少儿戏曲小梅花荟萃活动现场，获得"小梅花金花"称号的曹语粲，和爸爸妈妈紧紧拥抱在一起，流下了激动和幸福的泪水。

面对辛苦付出取得的荣誉，曹语粲淡然地

说："虽然学京剧很辛苦，但我每次演出都很高兴，尤其表演给很多观众看的时候，看到越来越多的人喜欢上京剧，我感觉无比的快乐。我要学好英语和法语，当一名文化使者，把中国优秀的传统文化传播给世界，让世界这个大家庭的成员都能享受中国传统文化大餐。"

中华文化延续着我们国家和民族的精神血脉，既需要薪火相传、代代守护，也需要与时俱进、推陈出新。

——习近平

我只想救爸爸

    一个羸弱伶俐的小男孩，在 3 个月的时间里强制自己暴饮暴食，每天吃五六顿饭，最终如愿增肥 18 千克。

    小男孩的不可思议之举缘于他对父亲的满腔反哺之爱。因为只有急剧增肥后，医生才能从他那幼小的身体内抽取骨髓血挽救患有绝症的父亲。

    这个可敬可佩、孝老爱亲的 11 岁小男孩叫路子宽。

    5 岁的时候，路子宽的父亲被查出患有白血病。随着病魔一点点吞噬，父亲的病情恶化得厉害，想要挽救他的生命，唯一的办法就是进行骨髓移植。而手术成功的第一步，就是要找到合适的骨髓。骨髓配型成功的概率非常低，其他亲人的骨髓先后被验证不匹配。有一天，医生建议："能不能叫你们儿子来做个检验？"

路子宽的父亲坚决不同意，连连摇头说："孩子只有11岁，禁不住这种手术的折腾，如果因为救我而影响孩子的健康，我活着比死了还难受。"

看着多年来被病痛折磨得苦不堪言的父亲，路子宽毅然决定要把父亲给救回来。他说服父母带自己到医院进行体检配型，结果喜忧参半，6项指标有5项符合捐献骨髓的条件，但是体重不符合45千克以上的捐献标准。

为了救父亲，路子宽开始了艰难的增肥之路。路子宽原来饭量并不大，为了迅速增加体重，他必须要接近疯狂地进食：早上两个鸡蛋、三个大馒头、一碗稀饭、一盒牛奶。中午是一大碗红烧肉、一大盘蔬菜、一大碗米饭。下午放学回到家和晚上七八点还要再吃下两顿同样的饭。临睡前，他还会再来一份鸡蛋面，喝下一盒牛奶。

因为消化不良，路子宽开始上吐下泻，每天被过量的食物折磨得特别难受。但路子宽救父的念头一点也没减少，硬是将馒头、米饭、菜大口大口地全都塞进嘴里，腮帮子鼓得紧绷，把食物往下吞咽，直到食物噎到了喉咙口完全吃不下去，才肯放下碗筷。每当看着体重上日益增长的数字，他就知道自己的辛苦付出是值得的。

这样的暴饮暴食，让路子宽很快患上了轻度脂肪肝，也渐渐地从瘦弱的小男孩，变成了一走路就热、肚子大得像个西瓜的小胖墩。

2019 年 9 月，路子宽的各项指标都符合要求了，他和爸爸被先后推进手术室，接受骨髓移植手术。经过漫长的手术，医生从路子宽身上先后抽取了 1000 多毫升骨髓血。路子宽全程没有掉一滴眼泪，也没有一声抱怨。病房里的医生、护士看到路子宽的表现，都打心底佩服，亲切地叫他"小男子汉"。

幸运的是，路子宽的父亲得救了，亲生骨肉的骨髓让他重获新生。

知道路子宽"增肥救父"的事迹后，再也没有同学拿他变胖开玩笑了。

要学会做人的准则，就要学习和传承中华民族传统美德，学习和弘扬社会主义新风尚，热爱生活，懂得感恩，与人为善，明礼诚信，争当学习和实践社会主义核心价值观的小模范。

——习近平

一场 "教科书式" 的急救

面对路边瘫倒在地的老人，你会怎么做？

有的人担心被讹诈而选择视而不见，有的人缺少医学专业知识而不敢贸然施救，还有的人觉得多一事不如少一事。15 岁的上海少年盛晓涵，却毫不犹豫挺身而出，上演了一场"教科书式"的急救，挽回了宝贵的生命。

那是 2020 年 10 月 27 日晚上，放学后的盛晓涵如往常一样走在回家的路上。就快到家时，他看到路边围着一群人，还依稀听见有人在抽泣。察觉到肯定出了事，盛晓涵挤进人群，只见一个老伯倒在地上，他的同伴以为他是噎住了，正扶起他上半身，帮他拍背。

自小对医学知识充满兴趣，掌握了基本急救知识和技能的盛晓涵，快速观察后说："老伯，我会海姆立克急救法，让我来吧。"

盛晓涵先用海姆立克急救法在晕倒的老伯腹部挤压了两下，发现没有任何食物吐出，判断不是噎住了。再摸了摸老伯的颈部，发现体温已经下降，呼吸非常微弱，脚下还有液体——老伯已经尿失禁，这些突发状况符合心脏骤停症状。

"他不是被噎住了，情况危急，快打120！"盛晓涵一边说，一边将老伯身体放平，解开老伯胸前纽扣，开始体外按压。喜欢打排球的盛晓涵，练就的一身垫球"硬功夫"，此刻派上了用场。他连续不停地按压着，脑子里只有一个念头："不能看着生命在我手里消逝！"一边还指导着老伯的同伴，对他进行人工呼吸，协助救人。

五六分钟后，盛晓涵惊喜地发现，老伯有

了自主呼吸！但他不敢停手，直到120医护人员赶到。后来经医院诊断，老伯是突发心梗，如果不是盛晓涵及时专业的心肺复苏抢救，后果不堪设想。

　　救人后的盛晓涵并没有留下姓名，而是悄悄离开了现场。幸好老伯的同伴拍到一张照片，路人拍摄他救人的视频也在网上广为传播。有公益机构奖励他5000元，他立马捐给了一个家境贫困的先天性心脏病患儿。

　　后来，有人问盛晓涵当时在想什么时，他

说："当时没有时间考虑那么多，第一反应就是抓紧时间上去救人。因为如果我救了，情况不一定会变得更好，但如果我不救，情况就一定会变得更坏。"

2021年初，盛晓涵与其他两位志愿者发起成立了"黄浦区红十字BOYS"，利用课余时间进行公益宣传，希望让更多人了解急救、掌握急救知识。

同年，盛晓涵被评为2021感动上海年度人物、上海市见义勇为先进个人、2021年度全国"新时代好少年"。

要倡导社会文明新风，带头学雷锋，积极参加志愿服务，主动承担社会责任，热诚关爱他人，多做扶贫济困、扶弱助残的实事好事，以实际行动促进社会进步。

——习近平

鲜衣怒马少年时

"红豆生南国，春来发几枝。"

"江南可采莲，莲叶何田田。"

"采菊东篱下，悠然见南山。"

"江南好，风景曾旧谙。"

"人人尽说江南好，游人只合江南老。"

"夜来南风起，小麦覆陇黄。"

"江南无所有，聊赠一枝春。"

"千磨万击还坚劲，任尔东西南北风。"

2020 年，在中央电视台第五季《中国诗词大会》的比赛现场，两位选手正在进行紧张刺激的飞花令比赛，依次说出带有"南"字的诗句。双方吟诵诗词你来我往，好不精彩。经过十来个回合的激烈比拼，来自河南郑州的郑坤健赢得比赛。

热爱中国传统文学的郑坤健是个诗词小达人，从小就十分自律，幼儿园开始，就每天坚持背一首诗，积累了大量优秀的诗词。上小学后，郑坤健给自己立下一个目标：参加诗词大会，并且要拿下一期擂主！当别的小朋友在看动画片时，他在背诗词。同龄的小伙伴在窗外嬉戏打闹的时候，他却在屋子里默默读诗，遨游在诗词的海洋中。日复一日，年复一年，他的诗词储备量与日俱增。

心理学上有个法则叫"梦想法则"，就是一个人只要拥有梦想，就会在希望中生活，并且不断创造生命的奇迹。

功夫不负有心人。2019年底，郑坤健作为河南省唯一的中学生选手，成功登上第五季《中国诗词大会》的舞台，和全国的高手切磋

比试。郑坤健诗词储备量丰富，答题又快又准，对各类诗词信手拈来，一路过五关斩六将，最终以良好的表现蝉联四期擂主，还获得了总决赛季军。

"寒窗苦读数十年，一举成名天下知。"在中国诗词大会上大放异彩之后，学校同学纷纷变成了郑坤健的小"粉丝"，对这位小"爱豆"崇拜得很。

回到学校，老师勉励他说："鲜衣怒马少年时，不负韶华行且知。"一同学对他说："莫愁前路无知己，天下谁人不识君。"另一同学说："有匪君子，如切如磋，如琢如磨。"还有同学称赞他："多才之士，才储八斗；博学之儒，学富五车。"

受郑坤健的影响，他们班上燃起了一股学习古诗词的热情。同学们时不时聚在一起讨论，这句诗该怎么去接上去，这句飞花令应该怎么说。郑坤健慷慨传授自己对古诗词的背诵和记忆方法，"熟读唐诗三百首，不会作诗也会吟"，同学们个个都成诗词小达人了。

中国传统文化博大精深，学习和掌握其中的各种思想精华，对树立正确的世界观、人生观、价值观很有益处。

——习近平

木棉花一样的女孩

你知道木棉花为什么叫"英雄花"吗？因为它深深扎根在土地里，独立又坚强，开得红艳但又不媚俗，就像用英雄的鲜血染成的。在海南省昌江黎族自治县，就有这样一位"木棉花女孩"，她自强不息的韧性、热心善良的品格，就如同木棉花一样热烈、灿烂。她的名字叫何有念。

本该是花一样的年华，当同龄的孩子还在无忧无虑玩耍时，家庭的变故却让何有念早早地扛起家里的重担。天有不测风云，何有念10岁时，在外地打工的父亲因故不幸去世。之后，母亲选择改嫁，在别的地方组建新的家庭。于是她带着年幼的弟弟跟着爷爷奶奶一起生活，小小年纪就帮着一起操持家务，邻居们都夸她懂事。

屋漏偏逢连夜雨，三年后，年迈的爷爷奶奶又相继离世，留下姐弟俩相依为命。还在读书的姐弟俩，靠着每个月的低保等政府性补贴生活。打零工的叔叔偶尔会给他们一点零花钱，但何有念从来不舍得花，全攒着给弟弟买衣服和家中用的柴米油盐，自己常年穿校服。

因为没有大人，何有念还要操持所有的家务。每天放学后，她都第一个走出教室，急忙赶回家，为弟弟做饭。她知道，此时的弟弟不仅处于长身体的关键时期，更处于一个需要家庭温暖的特殊时期。"在同学家玩的时候，很羡慕他们有爸爸妈妈，"何有念说，"但我不是盲目羡慕，我是想把这种羡慕变成动力，为弟弟创造这样一个家！"

自从父亲去世后，弟弟变得贪玩、不求上进，何有念看在眼里，急在心里。她多次找弟弟谈心，想尽一切办法让弟弟有所转变，虽然力不从心之时会偷偷落泪，但这都没有压垮作为长姐的何有念。有人想要送他们去孤儿院，何有念拒绝了，在她心里，只要自己还在，只要弟弟还在，这都是一个完整的家，她要撑起来。

贫困和苦难没有压倒何有念，她不仅没有放松学习，而是更加刻苦努力，成绩一直处在班级前列。说起来容易做起来难，课余时间，何有念面对的永远是生活琐事和重担。小学时候何有念学习成绩不是很好，后来家里只有她和弟弟两个人，她觉得必须为弟弟做出好的榜样。

在班上，何有念不仅学习好，还积极组织班级活动，平时更像一个知心姐姐，在生活、学习上主动帮助同学。随着时间的推移，热心善良的何有念成了班级的"主心骨",被选为班长。学校师生们几乎都知道何有念的特殊情况并暗暗钦佩,老师在教导不思上进的同学时,也常常会以何有念为榜样。

每当觉得上天不公时,何有念没有怨天尤人。她在日记本里写道:"当你抱怨你没有鞋穿的时候,回头一看发现别人竟然没有脚。"她坚信,道路既然有泥泞,那就必会迎来平坦,只要不放弃,困难后的日子总会迎来甘甜。

何有念不畏艰难践行孝心，以乐观的心态和稚嫩的肩膀扛起全家希望的感人事迹，不光对孩子，对成年人也有很好的教育意义。在困难和挫折面前不悲观、不丧气，坚韧不拔、奋发图强，努力成为生活的强者……何有念用自己的实际行动，向全社会展示新时代好少年的模样。

生活靠劳动创造，人生也靠劳动创造。你们从小就要树立劳动光荣的观念，自己的事自己做，他人的事帮着做，公益的事争着做，通过劳动播种希望、收获果实，也通过劳动磨炼意志、锻炼自己。

——习近平

给教材纠错的少年

　　崔宸溪就读于辽宁省沈阳市第一二六中学，入选 2023 年度全国"新时代好少年"，从小对自然科学有着浓厚的兴趣。还在幼儿园时，他就有一个专门的书架，拥有 300 多本自然科学的图书、绘本。有一次在户外，大人们看到一只像小鸟的蝴蝶，全都不知道是什么，尝试着问了问 4 岁的崔宸溪，他却能一下子就告诉他们是蜂鸟鹰蛾。

　　崔宸溪从小就喜欢生物学，课余时间沉迷于树丛中、花坛里，蹲在草地边"看虫子"，乐此不疲。他最爱读的书是《昆虫记》，对生物世界的内容信手拈来：每只蝴蝶都有独特的花色，蚂蚁遇到甜的东西触角会变硬，蚂蚱能跳到自己身长的近 20 倍那么远……

在接触的各种昆虫中，崔宸溪最感兴趣的是蚂蚁。他在家里搭建人工蚁巢养蚂蚁，每天用显微镜观察它们的习性、种群内的分工，写了满满几本观察日记。兴趣广泛的他，还把蚂蚁画进元素周期表里：刚啃完骨头的蚂蚁代表"钙"，头顶闪电身穿金衣的是能导电的"铜"……小学时，同学们都叫他"蚂蚁小崔"，一见到奇怪的昆虫总会拍照或者干脆捉来问他，他都能一一告知是什么。

2021 年一天，崔宸溪在家预习英语教材时，看到 95 页上有 3 张小昆虫的照片，英文的说明分别是蝴蝶、蚂蚁和蜜蜂。但他仔细观察图片，发现有点不对劲，"单词 bee（蜜蜂）上面的图片，怎么看起来像是食蚜蝇？"

难不成自己眼花了？崔宸溪揉了揉眼睛，

再仔细辨认，确定教材上的配图就是只有一对翅膀、肚子瘦瘦的、触角不明显的食蚜蝇，而不是有两对翅膀、肚子胖胖的、触角很明显的蜜蜂。

　　崔宸溪将这个发现告诉妈妈，妈妈听后表扬了崔宸溪，然后将他的发现反映给了出版社。不久，出版社的编辑给崔宸溪妈妈回了电话："我们问了专业的生物老师，确认了，图片确实有问题。现在的孩子都是很厉害的，非常专业。我们下次重印的时候会进行替换，也感谢你们提出问题。"崔宸溪也因此被叫作"纠错男孩"。"纠错"背后，正是他日常学习、不断探索、试验和挑战边界的积累成果。

教育家陶行知先生说过："千教万教教人求真，千学万学学做真人。"崔宸溪坚持聚焦真实、捕捉真相、探求真知、追求真理，也被媒体称为"素质教育应有的样子"。

你们现在都是小树苗，品德的养成需要丰富的营养、肥沃的土壤，这样才能茁壮成长。现在把自己的品德培育得越好，将来人就能做得越好。

——习近平

关爱江豚的环保小卫士

"观众朋友好，我们眼前这些长相非常可爱的长江江豚，你们看它们微微弯起的嘴角是不是像在微笑，所以被叫作'长江微笑天使'。江豚也是我国的国家一级保护动物，被世界自然保护联盟列为极危物种……"

在安徽铜陵淡水豚国家级自然保护区，只见一位系着红领巾的小姑娘开始了导览，落落大方的举止、清晰的谈吐，以及眉宇间藏不住的热爱，迅速吸引了一批前来参观的观众。小姑娘叫钱书瑶，是一名"持证上岗"的红领巾讲解员。

小学二年级时，钱书瑶跟着爸爸妈妈来到

铜陵淡水豚国家级自然保护区参观。她第一次看到 10 多头江豚，看着它们在江内翻滚、点头、喷水，时而跃出江面，时而潜入水中，便一下子喜欢上了这种可爱的动物。

从那之后，钱书瑶开始全方位了解江豚，从图书馆借回大量有关江豚的图书，从网络上观看江豚的介绍视频。她了解到江豚是一种水生哺乳动物，知道了习近平爷爷"共抓大保护，不搞大开发"等保护长江的重大决策部署。认识到如今江豚的生存环境差，繁衍十分困难后，钱书瑶更加坚定了要保护它们的决心。

百说不如一做，自己一个人知道不如让更多的人知道。钱书瑶开始努力学习讲解，练习面向大众的语言表达能力。经过重重选拔，她成功成为保护区的红领巾讲解员。保护区离家很远，即使每次去都要天不亮就起床，途中还要辗转坐车和换坐轮渡，她也不知疲倦，坚持了下来，在寒暑假里累计为 3000 余人次讲解江豚。

　　“大家听完讲解，开始有了保护江豚的意识，对我来说，就是最幸福的事情了！”每次完成讲解，钱书瑶心里总是甜甜的。

　　在学校，钱书瑶组织成立守护“微笑”兴趣小组。他们一次次在主题班会、科普讲座上，宣传保护长江生态环境、守护江豚的重要意义，带动越来越多的同学关注江豚、保护江豚。

　　倾注心血的研究学习，让她成了一名守护江豚的"小学者"。她还参与编写了《保护江豚》《永远留住江豚的微笑》等科普读物。

　　将生态环保理念深深印在脑子里的钱书瑶，还有一双巧手。闲置的旧手机、废弃的旧纸盒在她手上变废为宝，变身成"简易手机投影仪"，也让她捧回第三届安徽省红领巾"创未来"大赛发明创造类一等奖。

　　小小少年却有护豚之心，守护祖国的绿水青山。只要大家一起用心行动起来，必能创造天更蓝、水更清、岸更绿、生活更美好的明天。

　　希望全社会行动起来，做生态文明理念的积极传播者和模范践行者，身体力行、真抓实干，为子孙后代留下天蓝、地绿、水清的美丽家园。

——习近平

雪花天使用音乐传递温暖

2022 年 3 月 13 日晚，在万众瞩目的国家体育场"鸟巢"，伴着《雪花》悠扬的小提琴伴奏声，北京冬季残疾人奥林匹克运动会主火炬逐渐熄灭。一个身着粉色礼服、从容站在"唱片"中间的视力障碍女孩，拉动小提琴弓弦，身体随节奏而起伏，流畅舒缓的旋律，征服了现场和电视机前的观众。这一刻，她把美丽、纯真、自信的笑容，通过乐器中飞出的旋律，展示给了全世界。这个用音乐传递温暖的女孩，就是"雪花天使"马奕菲。

2 岁时，马奕菲因眼疾双目失明，从此，她眼前一片漆黑。马奕菲特别喜欢抚摸家里的那架立式钢琴，有的曲子听两遍就能跟着哼出来，展现出极高的音乐天赋，于是父母决定让她学音乐。

就这样，5岁的马奕菲开始学钢琴。读谱是摆在马奕菲面前的一道难题，看不见乐谱，父母就先把谱子一遍遍念给她听，她再把乐谱背下来，不断地练习。

因为看不见，找准琴键对她来说也是个巨大挑战，一段曲子通常要练习数百遍甚至上千遍才能弹准。为了掌握演奏技巧，她通过摸着老师的手、胳膊、肩背来感受力度。不难想象，为了达到常人的练习效果，马奕菲付出了百倍努力。除了在特殊学校上文化课，她几乎把所有的时间都用来练琴，往往一练就是四五个小时。

"我喜欢听小提琴曲，可以学吗？"马奕菲9岁时的这个要求让妈妈犯了难：学钢琴已经很吃力，小提琴的难度可不亚于钢琴！小提琴训练对盲人来说特别难，仅就弓直问题来说，正常人用制动器辅助弓弦都很难走直。对音乐

感知力很强的马奕菲，身残志坚，永不言弃，克服了一个又一个困难，最终登上了"鸟巢"大舞台，在自己的"赛道"上赢得了掌声。

2023 年，马奕菲作为艺术生参加全国高考，取得文化分 485 分的好成绩，成功被星海音乐学院录取，继续追寻自己的音乐梦。

"音乐带给我快乐，琴声响起的时候，我仿佛就能看到亮光。在追梦的路上，我们常常会遇到许多挫折，但我想说，如果梦想是天空中的星辰，那么就一定不要被乌云阻挡了前进的脚步，无论如何都要坚信：千淘万漉虽辛苦，吹尽狂沙始到金。"这是马奕菲对同龄人的寄语，值得青少年们共勉。

马奕菲2岁时，老天蒙住了她的眼，世界从此模糊一片。她却在凸起的文字间，在跳动的音符间，一点点拓展生命的宽度，直到"看见"希望的光。吃常人难以想象的苦，走少有人走过的路，从寻找光到成为光。这个了不起的女孩，在自己的"赛道"上赢得了掌声，活出了最好的自我，也活成了我们的榜样。马奕菲用她的经历告诉我们：人可以有残缺的身体，但不会有残缺的生命。要用最阳光的笑容，指引自己乐观前行。

> 　　有一颗感恩的心很重要，对儿童特别是孤儿和残疾儿童，全社会都要有仁爱之心、关爱之情，共同努力使他们能够健康成长，感受到社会主义大家庭的温暖。
>
> 　　　　　　　　　　　　——习近平

冠军的锤炼之路

　　2023 年 10 月 7 日，杭州第 19 届亚洲运动会羽毛球男子单打决赛现场，一场激烈的巅峰对决正在进行，李诗沣迎战队友石宇奇。只见李诗沣左突右挡，挥洒自如，最后连续跃起，一记扣杀，最终以 2∶0 赢得比赛，夺得男单金牌。

　　冠军李诗沣是如何走上羽毛球之路的呢？

　　2000 年 1 月 9 日，李诗沣出生于江西南昌，6 岁开始参加羽毛球兴趣班。原本学习跆拳道的他，从零开始学习羽毛球，从简单的握拍动作开始学起，有时一定型就半个小时，直累得手脚酸麻。慢慢地，他学会了放网、挑球、扣杀……李诗沣悟性高，学动作快，步法灵活，进步飞快。第二年，他便被推荐到南昌市体校，成为一名半专业运动员。

成为一名小学生后，李诗沣每天上午在学校上文化课，下午去体校练习羽毛球。在体校的训练中，李诗沣同样展现出了出色的天赋和实力。经过两年的努力，在体校脱颖而出的他，被推荐到江西省羽毛球队，走上了羽毛球竞赛这条艰难且辛苦之路。

随后，李诗沣开始每天练习4个小时，上午上学，下午去省队训练，每天要上千次重复训练。

付出就会有回报，2012年，李诗沣参加了国家羽毛球队的测试赛，战胜了多名比他年长的专业选手，成功进入国家队。

经过多年的刻苦训练，2018年，18岁的李诗沣取得了一系列的好成绩，在赛场上书写成长画卷：获得全国羽毛球冠军赛男子单打冠军，随后，作为主力队员帮助国家羽毛球队二队夺得了亚洲羽毛球青年锦标赛混合团体冠军。他还参加了在阿根廷首都布宜诺斯艾利斯举行的第三届夏季青年奥林匹克运动会，获得了男子羽毛球单打冠军，这是江西羽毛球运动员在青年奥林匹克运动会历史上取得的第一枚金牌。

经历了短期的状态低迷后，2023 年，几乎令所有人没有想到的是，第一次参加全英羽毛球公开赛，李诗沣就在硬核男单格局中杀出重围，获得了男子单打冠军，成为首位"00 后"冠军，展现出了强大的实力。

随着大赛的历练，李诗沣愈发成熟稳定，在各个赛场留下敢拼、敢闯、敢追的身影。在杭州第 19 届亚运会男团决赛中，国家羽毛球队意外落后，很多球迷都以为他们会输掉比赛。然而，李诗沣在关键时刻挺身而出，以 2：0 击败此前未曾击败过的一流强敌，帮助国家羽毛球队实现了惊天大逆转，夺得金牌。

李诗沣的成长历程不仅是他个人的励志故事，也是中国体育精神的典范。他的冠军锤炼之路告诉我们，只要有梦想，就要勇往直前去追。无论遇到什么困难和挑战，只要坚持不懈，努力奋斗，就一定能够实现自己的目标。

每当看到我国体育健儿在重大国际赛事上顽强拼搏、勇创佳绩、为国争光时，我从心里面为大家喝彩。新时代的中国，更需要使命在肩、奋斗有我的精神。

——习近平

图书在版编目（CIP）数据

做堪当新时代重任的接班人 . 第二辑：绘图版 /
《做堪当新时代重任的接班人》编写组编 . -- 南昌：江西
人民出版社，2024.2
（新时代爱国主义教育丛书）
ISBN 978-7-210-15277-4

Ⅰ . ①做… Ⅱ . ①做… Ⅲ . ①爱国主义教育－中国－
儿童读物 Ⅳ . ① G647-49

中国国家版本馆 CIP 数据核字（2024）第 039347 号

做堪当新时代重任的接班人　第二辑　绘图版
ZUO KANDANG XINSHIDAI ZHONGREN DE JIEBANREN DI-ER JI HUITU BAN
《做堪当新时代重任的接班人》编写组　编

策　　　划：梁　菁　黄心刚
责 任 编 辑：郭　锐
本 册 撰 稿：郭爱英
书 籍 设 计：王梦琦
插　　　画：武汉狼仔工作室

江西人民出版社
Jiangxi People's Publishing House
全国百佳出版社　出版发行

地　　　址：江西省南昌市三经路 47 号附 1 号（330006）
网　　　址：www.jxpph.com
电 子 信 箱：jxpph@tom.com
编辑部电话：0791-86893801
发行部电话：0791-86898801
承　印　厂：江西新华印刷发展集团有限公司
经　　　销：各地新华书店

开　　　本：880 毫米 ×1230 毫米　1/32
印　　　张：4
字　　　数：51 千字
版　　　次：2024 年 2 月第 1 版
印　　　次：2024 年 2 月第 1 次印刷
书　　　号：ISBN 978-7-210-15277-4
定　　　价：14.00 元

赣版权登字 -01-2024-85
版权所有　侵权必究
赣人版图书凡属印刷、装订错误，请随时与江西人民出版社联系调换。
服务电话：0791-86898820